ΑΊΛΟΥΡΟΣ

ПАУЛЬ ЦЕЛАН

ГОВОРИ И ТЫ

Составление,
перевод с немецкого
и комментарии

АННЫ ГЛАЗОВОЙ

Ailuros Publishing
New York
2012

Paul Celan
Speak you, too
Translated by Anna Glazova

Ailuros Publishing
New York
USA

Подписано в печать 9 июля 2012 г.

В оформлении книги и обложки использована графика Gisèle Celan-Lestrange (Editions de Seuil, Paris).
Вёрстка, дизайн обложки: Елена Сунцова.

Прочитать и купить книги издательства Елены Сунцовой «Айлурос» можно на его официальном сайте: **www.elenasuntsova.com**

ISBN 978-0-9838762-9-8

Paul Celan

В этой книге собраны переводы стихотворений, субъективно для меня важных. Перевод этих текстов означает для меня один из способов чтения, способ сконцентрировать рассеивающееся внимание. У меня нет задачи охватить всё творчество Пауля Целана — задачи, с которой мне не удалось бы справиться. С читателем же я хочу поделиться своими переводами не столько потому, что жду интереса к моему субъективному взгляду, сколько потому, что считаю многообразие переводов необходимым условием для первого знакомства с автором. Для более полного представления о Целане хочу порекомендовать в особенности три вышедшие на русском языке книги: сборник стихотворений «Кристалл» в переводе Лилит Жданко-Френкель (Гешарим, 2005), том «Стихотворения. Проза. Письма» (Ad Marginem, 2008) под редакцией Татьяны Баскаковой и Марка Белорусца и литературоведческий двухтомник «Материалы. Исследования. Воспоминания» (Гешарим, 2004 и 2007) под редакцией Ларисы Найдич.

В работе над переводами использованы два издания: Paul Celan, Gesammelte Werke in sieben Bänden (Suhrkamp 2000), Paul Celan, Die Gedichte. Kommentierte Gesamtausgabe (Suhrkamp, 2003), а также, в работе над примечаниями, Paul Celan, La bibliothèque philosophique (Éditions Rue d'Ulm, ENS, 2004).

Благодарю Ивана Болдырева, Григория Дашевского, Галину Мушинскую, Татьяну Нешумову, Алексея Фукса, Алексея Цветкова и Анну Ямпольскую за критические замечания по ходу работы.

Анна Глазова

Против света

Сердце осталось впотьмах, схоронилось и отвердело, словно философский камень.

*

Была весна, и деревья летели к своим птицам.

*

Разбитый кувшин не устанет ходить к колодцу, пока тот не иссякнет.

*

Разговоры о справедливости будут пустыми дотоле, доколе самый большой из военных кораблей не разобьётся о лоб утопленника.

*

Четыре времени года, и нет пятого, чтобы выбрать из них одно.

*

Его любовь к ней была так велика, что сорвала бы крышку с его гроба — если бы не такой тяжёлый она положила на неё цветок.

*

Их объятия длились так долго, что любовь в них отчаялась.

*

Настал Судный день, и, в поиске величайшего из позорных деяний, к Христу приколотили крест.

*

Похорони цветок и возложи на эту могилу человека.

Час выскочил из циферблата, встал перед ним и приказал стрелкам идти точно.

*

Когда полководец сложил залитую кровью голову мятежника к ногам своего владыки, тот пришёл в дикую ярость.

— Ты посмел наполнить нашу тронную залу смрадом крови, — закричал он, а полководца сотрясла дрожь.

Тогда голова убитого отворила рот и поведала историю сирени.

— Слишком поздно, — сошлись во мнении министры.

Позднейший летописец подтверждает их мнение.

*

Когда повешенного сняли с виселицы, его глаза всё ещё были открыты. Палач поспешно закрыл их. Окружающие это, однако, заметили и потупились от стыда.

Виселица же в эту минуту воображала себя деревом, а так как никто не поднял глаз, невозможно с точностью узнать, не была ли она им в действительности.

*

Он положил добродетели и пороки, вину и невинность, хорошие и дурные свойства на весы, чтобы действовать наверняка, верша над собой суд. Но чаши весов, отягощённые этим грузом, застыли на одинаковой высоте.

Однако дознаться он хотел во что бы то ни стало, поэтому закрыл глаза и стал ходить вокруг весов то в одну сторону, то в противоположную, и ходил до тех пор, пока уже не мог различить, какой груз лежал на которой из чаш. Тогда он вслепую положил на одну из них решение вершить над собой суд.

Когда он снова открыл глаза, то увидел, что одна из чаш как будто опустилась, но теперь уже было не разобрать, какая именно: чаша вины или чаша невинности.

Это его разъярило, он запретил себе поворачивать дело в свою пользу и вынес приговор, не в состоянии, тем не менее, избавиться от чувства, что, возможно, не справедливый.

*

Не обманывай себя: эта последняя лампа даёт не больше света — это тьма углубляется в себя.

*

«Всё течёт»: и эта мысль тоже, и не ведёт ли она к остановке?

*

Она повернулась к зеркалу спиной, потому что ненавидела кокетство зеркала.

*

Он учил законам тяготения, приводил доказательство за доказательством, но все оставались глухи к его доводам. Тогда он взмыл в воздух и учил тем же законам, свободно паря — теперь ему поверили, но никто не удивился, когда он не вернулся с воздуха на землю.

из книги

Mohn und Gedächtnis

Мак и память

Корона

Из руки у меня ест осень свой лист: мы друзья с ней.
Из ореховой скорлупы мы берём время и учим ходить:
время возвращается в скорлупу.

В зеркале воскресенье,
в сновидении спят,
рот пророчествует.

Мой глаз опускается к чреслам любимой:
друг на друга мы смотрим,
темно говорим,
любим друг друга, как мак и как память,
спим, как в раковинах вино,
как в кровавом лунном луче море.

Мы стоим у окна обнявшись, они с улицы смотрят на нас:
время настало, время знать!
Время камню соизволить цвести,
беспокойству стучать в сердце.
Время времени стать.

Время стать.

Фуга смерти

Чёрное млеко рассвета мы пьём его на закате
мы пьём его в полдень и утром мы пьём его ночью
мы пьём его пьём
мы роем могилу в ветрах так не тесно лежать
Человек живёт в доме играет со змеями пишет
он пишет когда темнеет в Германию твой волос златой Маргарита
он пишет он выйдет из дома и звёзды мерцают он свистнет своих кобелей
он свистнет евреев к себе чтоб копали могилу в земле
он даст нам приказ плясовую играть

Чёрное млеко рассвета мы пьём тебя ночью
мы пьём тебя утром и в полдень мы пьём тебя на закате
мы пьём тебя пьём
Человек живёт в доме играет со змеями пишет
он пишет когда темнеет в Германию твой волос златой Маргарита
Твой волос как пепл Суламифь мы копаем могилу в ветрах так не тесно лежать

Он крикнет одним недра глубже взрывать другим играть и петь
он схватит железо на поясе взмах его глаза голубы
вы глубже вонзайте лопаты а вы плясовую играйте

Чёрное млеко рассвета мы пьём тебя ночью
мы пьём тебя в полдень и утром мы пьём тебя на закате
мы пьём тебя пьём
человек живёт в доме твой волос златой Маргарита
твой волос как пепл Суламифь он играет со змеями

Он крикнет нежнее играйте смерть смерть это мастер германский
он крикнет темнее касайтесь скрипок подниметесь в воздух как дым
найдёте могилу свою в облаках так не тесно лежать

Чёрное млеко рассвета мы пьём тебя ночью
мы пьём тебя в полдень смерть это мастер германский
мы пьём тебя на закате и утром мы пьём тебя пьём
смерть это мастер германский его глаз голубой
он целится метко он пулей свинцовой покончит с тобой
человек живёт в доме твой волос златой Маргарита
он травит на нас кобелей он дарит нам в ветре могилу
играет со змеями видит в мечтах что смерть это мастер германский

твой волос златой Маргарита
твой волос как пепл Суламифь

из книги

Von Schwelle zu Schwelle

От порога к порогу

Из тьмы во тьму

Вот ты раскрыл глаза — в них тьма моя жива.
Смотрю до дна во тьму:
и там она живёт.

Так — переводят? Можно так — очнуться?
Чей за моей стопой крадётся свет,
откуда этот проводник?

Сегодня вечером тоже

Полнее,
потому что снег выпал и на это
солнцем проплытое море,
расцветает лёд в тех корзинах,
в которых ты несёшь его в город.

На песок
ты обмениваешь его,
потому что последнюю
розу в доме
и сегодня вечером тоже нужно кормить
из сыпучего часа.

Переменным ключом

Переменным ключом
открываешь дом, в котором
клубится смолчавшего снег.
От того, как кровь потечёт
у тебя из глаза, рта или уха,
зависит, как переменится ключ.

Переменится ключ, переменится слово,
слово, что с хлопьями снега клубится.
От того, как толкнёт тебя ветер, зависит,
как на слово налипнет снег.

Говори и ты

Говори и ты,
говори, последний,
скажи свой сказ.

Говори —
Но не отделяй Нет от Да.
Одели свой сказ смыслом:
одели его тенью.

Одели его долею тени,
столько тени,
сколько, видишь, разделено между
полночью и полуднем и полночью.

Оглядись:
смотри, всё вокруг оживает —
Со смертью! И живо!
Истинно говорит, кто тень говорит.

Но место, где ты стоишь, сокращается:
И куда теперь, о лишённый тени, куда?
Поднимайся. Нащупывай путь вверх.
Ты стал уже, тебя не узнать, ты стал тоньше!
Тоньше: та нить,
по которой хочет спуститься звезда:
чтобы там внизу плыть, там внизу,
где видит свой отблеск: в зыби
блуждающих слов.

из книги

Sprachgitter

Решётка речи

С письмом и часами

Воск,
запечатать то, что не написано,
то, чем твоё имя
разгадано,
то, что к твоему имени
будет ключом.

Приходишь, плывущий свет?

Пальцы, тоже из воска,
продеты в чужие
кольца, от которых больно.
Кончики пальцев оплыли.

Придёшь ли, плывущий свет?

Соты в часах пусты от времени,
пчёлы — их тысячи, все невесты —
собираются в путь.

Приди, плывущий свет.

Tenebrae[1]

Близко мы, Господи,
близко, нас можно схватить.

Уже схвачены, Господи,
сцепились друг с другом, как будто
у каждого тело —
твоё тело, Господи.

Молись, Господи,
молись нам,
мы близко.

Согбенные ветром, мы уходили,
мы уходили, чтобы склоняться
над жёлобом и над мааром[2].

Мы шли к водопою, Господи.

Кровь, это она, это то,
что ты пролил, Господи.

Она блестела.

Нам в глаза она отражала твой образ, Господи,
глаза и рот стоят так открыты и так пусты, Господи.
Мы пили, Господи.
Кровь и образ, бывший в крови, Господи.

Молись, Господи.
Мы близко.

Matière de Bretagne[3]

Свет из дрока, жёлтый, обрывы
гноятся к небу, острый шип[4]
зовёт рану, и звон
в ней, и вечер, Ничто моря свои
катит к молитве,
к тебе устремляется парус кровавый.

Сухое, обмелевшее
русло у тебя за спиной, камышами
зарос его час, выше,
там, где звезда, молочные
прили[5] вздорят в илистом дне, морские финики[6],
ниже, копной, зияют в просинь, и преходящего
куст, прекрасный,
приветствует твою память.

(Знали ль вы меня,
руки? Я шёл
по развилке, как вы указали, мой рот
плевал свою гальку, я шёл, моё время,
бродячий занос, тень отбрасывало — вы знали меня?)

Руки, при-
зывный шип, рана, и звон,
руки, ничто, моря его,
руки, свет дрока, и
парус кровавый
стремится к тебе.

Ты
ты учишь
ты учишь свои руки
ты учишь свои руки ты учишь
ты учишь свои руки
                    спать

На уровне рта

На уровне рта, ощутимо:
заросли тьмы.

(Незачем, свет, тебе их искать, ты лежишь
силками в снегу, держишь
добычу.

Одновременно:
Тронута и Нетронута.
И то, и другое говорит с виной о любви
и хочет остаться и умереть.)

Шрамы на листьях, бутоны, реснички.
Виднеется, чуждое дню.
Присемянник[7], вскрыт и правдив.

Губа знала. Губа знает.
Губа вымолчит до конца.

Стретто[8]

*

Вывезен в
местность
безошибочной колеёй:

Трава, написанная раздельно. Камни, белые,
с тенями стеблей:
не читай больше, смотри!
не смотри больше, иди!

Иди, нет братьев
твоему часу, ты уже —
уже дома. Колесо, медленно,
выкатывается из себя, спицы
взбираются,
взбираются по черноватому полю, ночь
не нуждается в звёздах, нигде
не спросят тебя.

*

Нигде

не спросят тебя —

У места, где лежали они, есть
имя — у него
нет имени. Они не лежали там. Что-то
между ними лежало. Они
не видели насквозь.

Нет, не видели,
говорили
о словах. Ни одно
не проснулось,
сон
на них нашёл.

*

Шёл, шёл. Нигде
                     не спросят —

Я это, я,
я лежал между вами, я был
открыт, был
слышим, тикал вам, ваше дыхание
слушалось, это
всё ещё я, ведь вы
спите.

*

Всё ещё я —

Годы.
Годы, годы, палец
что-то нащупывает то тут, то там, то
вокруг:
швы, ощутимо, здесь
разошлось, здесь
снова срослось — кто
прикрыл?

*

Прикрыл —
            кто?

Шло, шло.
Шло слово, шло,
шло через ночь,
хотело светиться, хотело светиться.

Пепел.
Пепел, пепел.
Ночь.
Ночь-и-ночь. — К
влажному глазу иди.

*

K

        влажному
           глазу иди —

Ураганы.
Ураганы, древние,
вихри частиц, другое,
ты
знаешь, мы
это в книге прочли, было
мнением[9].

Было, было
мнение. Как
мы дотронулись
друг до друга этими —
этими
руками?

И было написано, что.
Где? Мы
протянули над этим молчание,
огромное, ядом вспоенное,
зелёного
цвета
молчание, чашелистник,
за что-то растительное мысль цеплялась —
зелёное, да,
цеплялось, да,
к злорадному
небу.

За что-то, да,
растительное.

Да.
Ураганы, час-
тиц вихри, оставалось
время, оставалось
попытать счастья у камня — он
был радушен, он
не встревал в речь. Как
было нам хорошо:

Зернистое,
зернистое и волокнистое. Стебельчатое,
плотное;
гроздевое, лучистое; почковидное,
плиточное и
комковатое; рыхлое, раз-
ветвлённое — : он, оно
не встревало, оно
говорило,
с готовностью говорило сухим глазам, пока не закрыло их.

Говорило, говорило.
Было, было.

Мы
не отступились, стояли
и были сердцевиной,
строением с порами, и
оно пришло.

Приблизилось к нам,
прошло, штопало
незаметно, заштопало
последнюю мембрану,
и
мир, тысячекристалл,
затвердел, затвердел.

*

Затвердел, затвердел.
                    Потом —

Ночи, отслоённые. Круги,
зелёные или синие, красные
квадраты: мир самое
сокровенное вводит
в игру с новыми
временами. — Круги,
красные или чёрные, светлые
квадраты, ни
тени полёта,
ни измерительного стола, ни
дымной души,
чтобы взлетела и
вступила в игру.

*

Взлетела и
            вступила в игру —

В час, когда вылетает сова, около
окаменелой проказы,
около
наших спасшихся бегством рук, в
последнем сдвиге,
над
заслонкой от пуль
возле осыпавшейся стены:

стали видны,
снова:
борозды,

хоры, тогдашние,
псалмы. О, о-
санна.

Значит,
храмы ещё стоят. У одной
звезды
есть ещё свет.
Ничто,
ничто не потеряно.

О-
санна.

В полёте сов, здесь,
разговоры серых как день
следов от грунтовых вод.

           *

        (— — серых как день
               следов
                     от грунтовых вод —

Вывезен
в местность
безошибочной
колеёй:

Трава.
Трава,
написанная раздельно.)

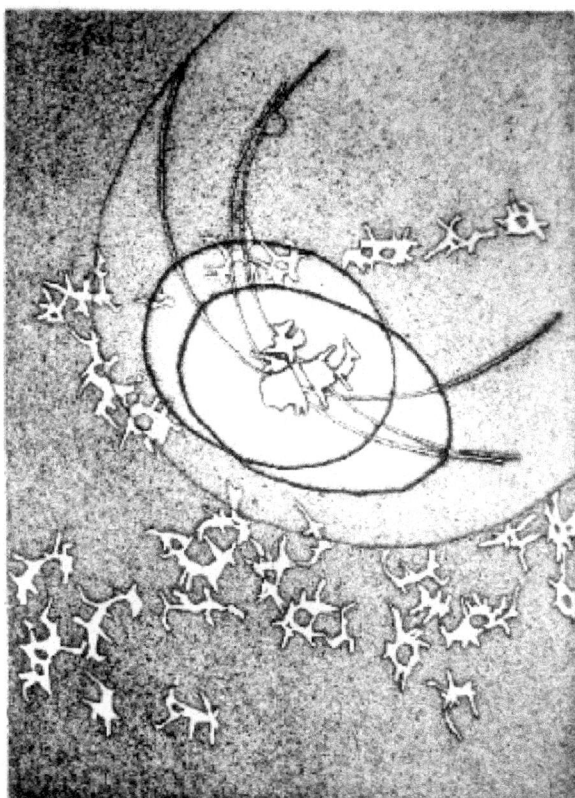

из книги

Die Niemandsrose

Роза никому

* * *

В них была земля, и
они рыли.

Они рыли, и рыли, и так
проходил их день и их ночь. И они не хвалили бога,
он, слыхали они, так хотел,
он, слыхали они, это знал.

Они рыли и слыхом не слыхивали;
не мудрели и песен не знали,
не слагали наречия.
Рыли.

И спустилось затишье, и сменилось бураном,
и все моря пришли.
Я и ты и червяк роем в грунте песчаном,
и спетое скажет: роют.

О кто, о некто, никто, ты — куда же,
если некуда было податься?
О, ты роешь, я рою, я к тебе, и пусть наше
кольцо пробудится на пальцах.

* * *

С вином и с потерянностью,
с их убыванием:

я гнал верхом через снег, слышишь,
я бога гнал вдаль — вблизь, он пел,
последней
была эта езда через
человеко-плетни.

Они сгибались, когда
слышали нас над собой, и
писали, и
перевирали наше ржание
на одно из
своих ображённых наречий.

* * *

У обеих рук, там,
где у меня росли звёзды, всем
небесам далеки, близки
всем небесам:
Какая
там явь! Как
раскрывается мир перед нами, сквозь
и через нас!

Ты там,
где твой глаз, ты там,
вверху, там,
внизу, я
найду выход.

О, эта блуждающая, пустая,
гостеприимная середина. Отделившись,
я выпаду на долю тебе, ты
на мою долю выпадешь, друг другу
выпав из рук, мы видим
насквозь:

Одно
и то же
нас
потеряло, одно
и то же
нас
позабыло, одно
и то же
нас — —

* * *

Немые запахи осени. Астра, без
надлома, прошла
между родиной и бездной сквозь
твою память.

Чужая потерянность, став
фигурой, была рядом, и ты
почти
жил.

Псалом

Кто нас вылепит снова из земли и из глины — никто,
отпоёт наш прах.
Никто.

Хвала тебе наша, Никто.
Для тебя мы
станем цвести.
Прямо напротив
тебя.

Ничто
были, есть мы и будем,
и будем цвести:
ничему, ни-
кому роза.

С
пестиком души светлей
и пустынною тычинкой,
с венчиком багровым
от пурпурного слова, слово мы пели
над, о над
тёрном.

Химия

Молчание, как варёное золото, в
обугленных
руках.

Серый, большой,
как любая потеря, близкий
образ сестры:

Все имена, все вместе со-
жжённые
имена. Сколько
золы для благословения. Сколько
обретённой земли
над
лёгкими, такими лёгкими
кольцами
душ.

Большие. Серые. Бес-
примесные.

Ты, тогда.
Ты с бледной,
раскушенной завязью.
Ты в потоке вина.

(Не так ли — и нас
отпустил ход этих часов?
Пусть,
хорошо, что мимо умерло твоё слово.)

Молчанье, как варёное золото, в
обугленных, обугленных
руках.
Пальцы, тоньше дыма. Как венцы, венцы воздуха
на — —

Большие. Серые. Следов не
имущие.
Цар-
ские.

* * *

Это уже не
та
на время опущенная
с тобою в твой час
тяжесть. Эта
другая.

Это вес, отстраняющий пустоту,
что ушла бы с
тобой.
У него, как у тебя, нет имени. Может быть,
вы — одно. Может быть,
и меня ты однажды назовёшь
так.

* * *

Тому, кто встал перед дверью, однажды
вечером:
ему
я открыл своё слово — : я
видел, как он засеменил к подменышу-
полу-
мерку, к
брату, рождённому в измаранном
сапоге пехотинца,
брату с кровавым
бого-
удом, к
щебетуну.

Рабби, проскрежетал я, рабби
Лёв[10]:

Этому
обрежь слово,
этому
впиши живое
Ничто в душу,
этому
раздвинь два
увечных пальца в спаси-
тельное благословение.
Этому.

· · · · · · · · · · ·

И захлопни дверь заката, рабби.

· · · · · · · · · · ·

И распахни дверь рассвета, ра- —

52

Мандорла[11]

В миндалине — что ждёт в миндалине?
Ничто.
Ничто ждёт в миндалине.
И ждёт там, и ждёт.

В ничто — кто ждёт там? Царь.
Там царь ждёт, царь.
И ждёт там, и ждёт.

      Прядь у еврея не поседеет.

И твой глаз — куда ждёт твой глаз?
Твой глаз у миндалины ждёт.
Твой глаз, он ждёт у ничто.
Ждёт у царя.
И ждёт так, и ждёт.

      Прядь людей не поседеет.
      Пустая миндалина царски синеет.

* * *

Прильнув щекой к Никому —
к тебе, жизнь.
К тебе, обретённая обрубком
руки.

Вы, пальцы.
Далеко, в пути,
на перекрёстках, нечасто,
отдых на
освобождённых фалангах,
на
пылевой подушке Однажды.

Одеревеневший сердечный запас:
едва тлеющий
любви, лампады служитель.

Малое пламя половинчатой
лжи пока ещё есть в той
или этой
скоротавшей в бессоннице ночь по́ре,
к которой вы прикасаетесь.

Наверху звон ключей,
в дереве
дыханья над вами:
последнее
слово, на вас поглядевшее,
теперь должно остаться и быть наедине.

. . . .

Прильнув щекою к тебе, обрубком
руки обретённая
жизнь.

*　*　*

Двудомный[12], ты вечен, ты не-
обживаем. Потому
мы строим и строим. И потому
оно продолжает стоять, это
жалкое ложе, — под ливнем
оно стоит.

Иди, любимая.
То, что мы ляжем здесь,
станет перегородкой — : Ему
тогда достанет себя самого, вдвойне.

Позволь ему, он
станет цел из половины
и сноважды половины. Мы,
мы постель в ливне, да
придёт он и насухо нас переложит.

....

Он не придёт и насухо нас не переложит.

Le Menhir[13]

Растущая
серость камня.

Серый, без-
глазый, ты, каменный взгляд, с тобой к нам
вышла земля в человеческом образе
на дорогах тёмно- и белопустынных,
вечером, перед
тобой, расщелина неба.

Отвергнутое, свезённое погрузилось
за сердечную спину. Морская
мельница стала молоть.

Светлокрылая, ты висела, утром,
между дроком и камнем,
малая пяденица[14].

Черны, цвета
филактерий[15], таковы были вы,
вы, вторящие
молитве стручки[16].

* * *

Что случилось? Камень из глыбы.
Кто проснулся? Я и ты.
Речь и речь. Со-звёзды. При-земли.
Нищи. Открыты. Родны.

И куда ушло? В недозвучие.
С камнем и нами ушло двумя.
Сердце и сердце. Тяжко везучие.
Тяжелее став. Легче живя.

Слог Боль

Легло в Твою руку:
некое Ты, бессмертное,
на котором пришло в себя целое Я. Вокруг
плыли бессловесные голоса, пустые формы, всё
вступило в них, перемешалось
и отслоилось от смеси
и снова
смешалось.

И числа были
вотканы в
бесчисленность. Одно и тысяча и
то, что шло перед и после,
были больше себя, меньше, вы-
зревшее и
за- и рас-
колдованное, превращённое в
пускающее ростки Никогда.

То, что было забыто, хваталось
за то, что нужно забыть, части земли, части сердца
плыли,
тонули и плыли. У Колумба
без-
временник в глазу, мать-
цветок,
он убил мачту и парус. Всё уходило в путь,

свободное,
тянулось к открытиям,
роза ветров отцветала, лепестки
опадали, мировой океан
цвёл гроздьями, появлялся на свет, в чёрном свете
росчерков диких штурвалов. В гробах,
урнах, канопах[17]
проснулись детки
Яшма, Агат, Аметист — народы,
роды и племена[18], слепое

Д а б у д е т

связалось в
змееголовые свобод-
снасти — : в
узел
(и пере- и противо- и много- и дважды- и ты-
сячеузел), которым
приплод хищных звёзд
с глазами мясопустных ночей считал в бездне
бук-, бук-, бук-
вы, вы.

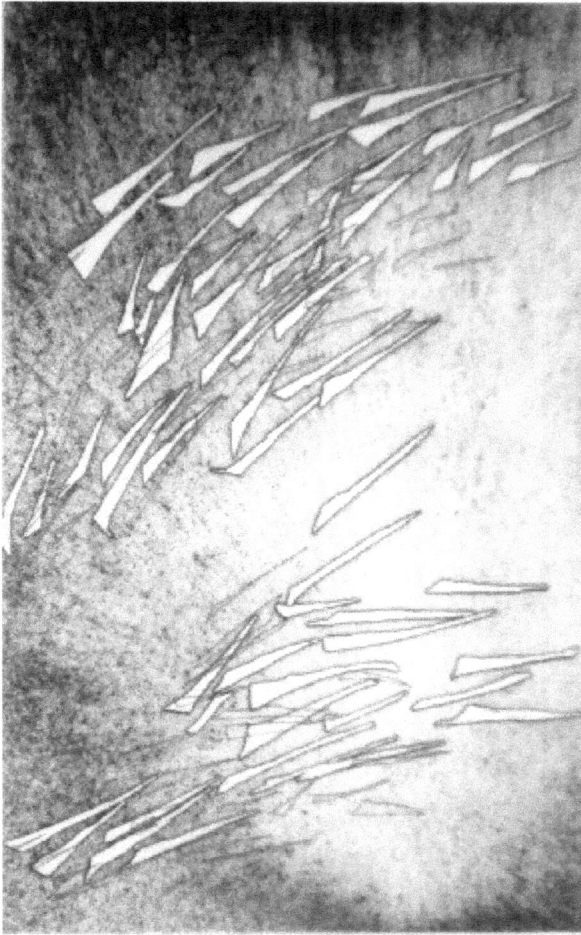

из книги

Atemwende

Поворот дыхания

* * *

Ты можешь меня, не стесняясь,
угощать снегом:
сколько раз я, плечом к плечу,
шагал с тутовым деревом через лето,
столько раз кричал его самый юный
листок.

* * *

Разъедена тем, что не снилось,
страна хлеба, исхоженная без сна, насыпает
гору-жизнь.

Из её крошек
ты заново лепишь нам имена,
которые я — на каждом
пальце глаз,
похожий на твой —
ощупываю
в поиске места, сквозь которое смог бы
дополуночничать до тебя,
яркая
голод-свеча во рту.

В реках на север от будущего
я закидываю сеть, а ты её,
мешкая, наполняешь
тенью, которую написали
камни.

* * *

Твой бодливый от бдения сон.
С двенадцать раз винто-
образно в его
рог врезанным
следом от слова.

Последний удар, наносимый рогом.

В от-
весной, узкой
расщелине дня вверх
на баграх идёт переправа:

она — проводник
тому, что прочитано раной.

* * *

Вытравлено твоей
речи лучевым ветром
пёстрое пустословие на-
житков — сто-
языкий само-
стих, исстих.

Вы-
момина — просверлен,
свободен
путь между человеко-
подобными
кающимися снегами[19], к
гостеприимным
ледниковым столам[20] и пещерам.

Глубоко
во времени трещине,
рядом
с сотами льда
ждёт, кристалл дыхания,
твоё непреложное
свидетельство.

* * *

Годный для пения остаток — очертания
того, кто сквозь
серповидные письмена пробился беззвучно,
в стороне, на снежном месте.

Вихрится
под бровями-
кометами
толща взгляда, к
ней устремляется сердце, спутник,
затемнённый и крохотный,
с вовне
уловленной искрой.

— Без права голоса, сообщи, губа,
о том, что нечто ещё происходит
неподалёку.

* * *

Под кожу рук мне вшито:
руками утешенное,
твоё имя.

Когда я замешиваю комок
воздуха, нашу пищу,
его заквашивает
слабое тление букв из
безумно-раскрытой
по́ры.

* * *

Глория[21] пепла позади
твоих сотрясённо-сплетённых
рук у развилки на три стороны.

Понтийское Однажды: здесь,
капля,
на
утонувшей лопасти от весла,
глубоко
в окаменевшей присяге,
оно зашелестит.

(На отвесном
тросе дыхания, тогда,
выше, чем сверху,
между двух узлов боли, пока
белая
татарская луна карабкалась к нам,
я зарывался в тебя и в тебя.)

Глория
пепла позади
вас, на три стороны,
руки.

То, что перед вами, с востока, вы-
пало жребием, страшно.

Никто
не свидетельствует
за свидетеля.

* * *

Целая нота:
из-под боли вступает виолончель:

силы тяги, ступенчато восходящие в противо-
небеса,
катят невнятицу перед
линией схода на посадку и к выезду,

вечер,
подъём по которому позади,
полон лёгочных разветвлений,

два
дыхательных облака дыма
роют яму в книге,
раскрытой шумом в висках,

что-то становится правдой,

двенадцатикратно накаляется
то, во что метко попали по ту сторону стрелы,

черно-
кровная пьёт
чернокровного семя,

всё — меньше, чем
оно есть,
всё — больше.

* * *

Большой, раскалённый свод
с вовне —
и долой —
рвущимся роем чёрных светил:

в окремневшем лбу овна
я выжигаю этот рисунок между
рогов, там,
где в пении извивов
срединная мякоть сгустившихся
сердце-морей набухает.

В
лоб чему бы
он не смог броситься?

Мир сгинул, я должен тебя нести.

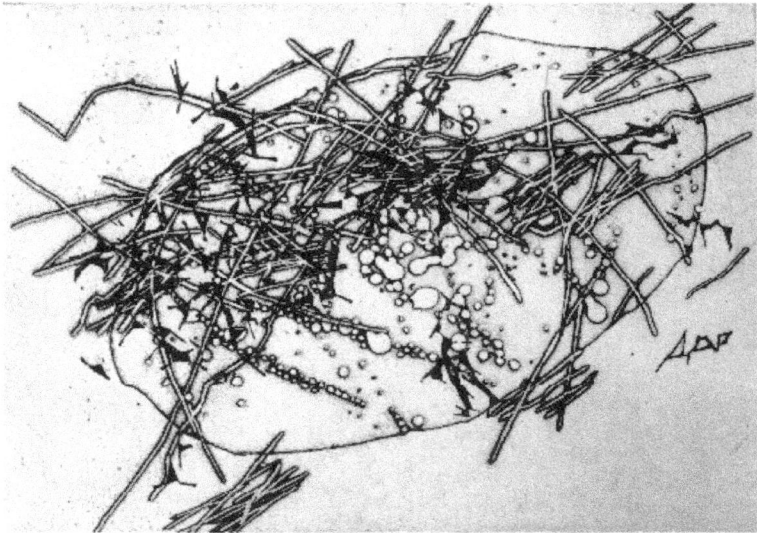

из книги

Fadensonnen

Нити солнца

* * *

Ты была моя смерть:
тебя мог я держать,
когда всё ускользало.

* * *

Разобранные на лом табу,
и мигрантство между ними,
во влаге миров, в
погоне за значением, в
от значений
побеге.

* * *

Роса. И я лежал с тобой, ты, в отбросах,
и гнилая луна
в нас бросала ответы,

мы рассыпались на крохи
и снова скатывались в одно:

Господь преломил хлеб[22],
хлеб преломил Господа.

* * *

Как по маслу, тихо
причалит у тебя между бровью и бровью
единица игральной кости
и здесь остановится,
малое око без век,
глядя вместе с тобой.

ИЗ КНИГИ

Lichtzwang

Принуждение светом

* * *

Однажды — у смерти как раз был наплыв —
ты спасся в меня.

* * *

Как ты высмертиваешься в меня:

даже в последнем
изношенном
узелке выдоха
ты застреваешь
занозой
жизни.

* * *

Вырежь богомольную руку
из
воздуха
клешнями
глаз,
обрежь пальцы,
охолости поцелуем:

сложенное теперь
происходит, захватив дух.

* * *

Оставлена мне,
перечёркнута балками накрест,
единица:

по ней я должен гадать,
пока ты, завернувшись в дерюгу,
вяжешь чулок-тайну.

* * *

Богомол, опять,
в затылке[23] того слова,
в которое ты зарылся — ,

в сторону нрава
смещается смысл,
в сторону смысла
нрав.

* * *

В обратную сторону произносимые
имена, все,

из них крайнее, ржанием
в цари возводимое
перед изморозью зеркал,

окружённое, осаждённое
многоплодными родами,

просвет между зубцов в нём,
который тебя, единичного,
среди прочих имеет в виду.

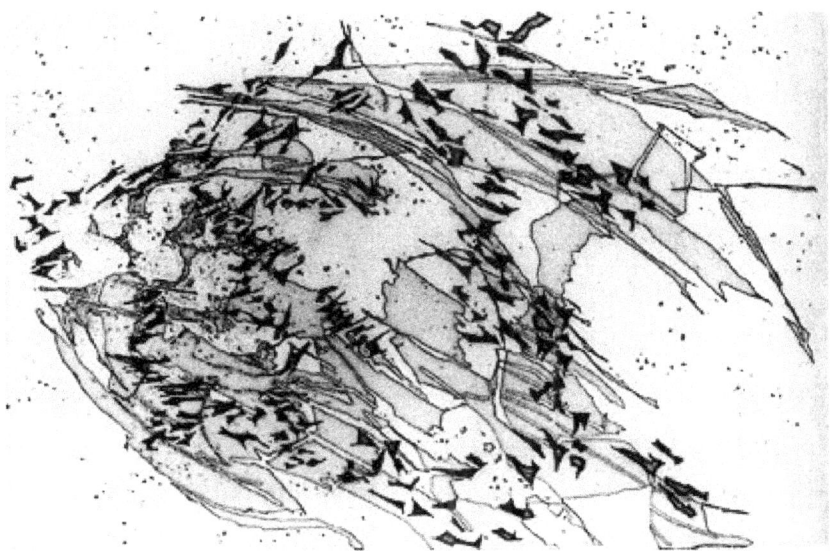

из книги

Schneepart

Партитура снега

* * *

Неразборчивый текст этого
мира. Всё двоится.

Сильные часы
признают правоту время-раскола,
с хрипом.

Ты, втиснут в собственную глубину,
выбираешься из себя
навсегда.

* * *

Я слышу, топор зацвёл,
я слышу, место не называемо,

я слышу, хлеб, когда смотрит
на повешенного, излечивает его,
хлеб, который испекла ему женщина,

я слышу, они называют жизнь
единственным прибежищем.

* * *

Мир, вслед которому следует заикаться,
мир, в котором я буду
побывавшим в гостях, имя,
испариной стёкшее со стены,
которую лижет снизу вверх рана.

* * *

Ты, с сумеречной рогаткой,
ты, с камнем:

Уже перевечер,
я свечу вслед себе самому.
Отведи меня вниз,
займись
нами.

* * *

Листок, лишённый дерева,
для Бертольта Брехта:

Что это за времена,
когда разговор
уже почти преступление,
потому что он многое из того, что было сказано,
подразумевает[24]?

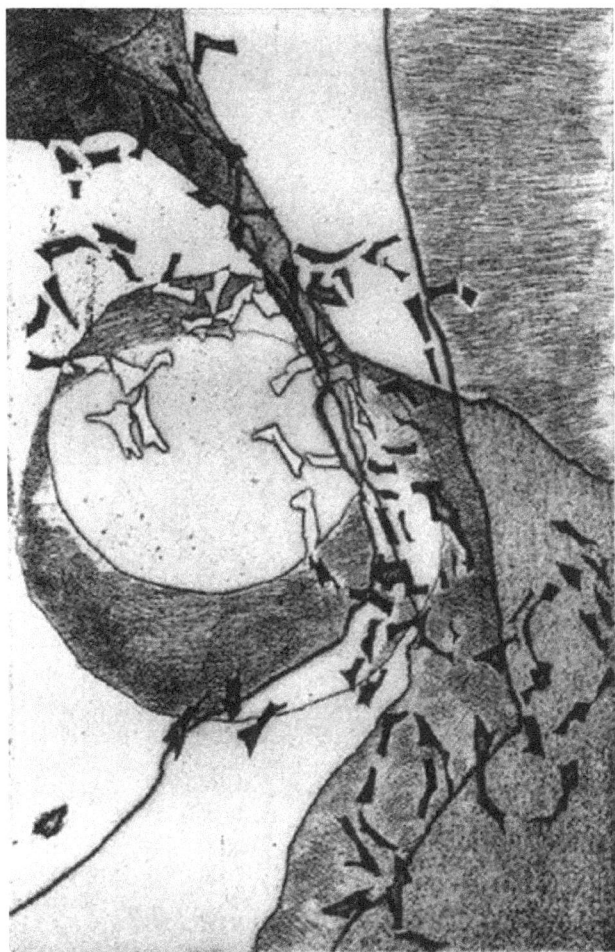

из стихотворений,
опубликованных
посмертно

Aus dem Nachlaß

* * *

И как сила
иссиливает, чтобы
действовать:

противоображает в
«теперь», извечает в «за»,

Мышкин
целует Баал Шему[25]
подол[26] покровской
молитвы,

телескоп
принимает
лупу.

* * *

В продажности
нет надежды,
нормы, они же: мир до сотворения мира,
иссякают по сю сторону
свободы[27].

Наследуется
скрытое в открытом
начало.

Догадался? Ума на грош у тебя достало?
У меня
соседняя деревня взобралась
на моего коня[28].
На месте, где должен бы лежать камешек[29],
гора вскармливает своё дерево
к разговору.

* * *

Я пью вино из двух бокалов
и цезуру царскую мучаю, мучаюсь
как тот
с его Пиндаром[30],

Бог становится вилкой настройщика
как один из малых
праведников,

жребий из барабана, выпадает
наш грош.

Комментарии

Стр. 32

[1] Tenebrae (лат. «тьма»), Тёмная утреня — в католической традиции, совершаемая в последние три дня Страстной недели. Во время службы постепенно гасят все свечи, так что часть богослужения происходит в полной темноте. На Тёмной утрене читают Плач Иеремии о разрушении Иерусалима.

[2] Маар — неглубокий кратер вулкана, имеет плоское дно и часто бывает заполнен водой.

Стр. 33

[3] «Материя Бретани» (фр.); на бретонском берегу Франции Целан бывал несколько раз. В стихотворениях в книге «Роза никому» снова упоминается эта местность и сохранившиеся в ней кельтские культовые сооружения, менгиры.

[4] Имеется в виду, скорее всего, Ulex europaeus (утёсник обыкновенный), колючий кустарник с жёлтыми цветами из семейства дроковых.

[5] Приль — узкий проток между отмелями.

[6] Моллюск из семейства мидий рода Lithophaga (камнеточцы).

Стр. 34

[7] У многих растений на семени есть защитный вырост, присемянник.

Стр. 35

[8] Музыковедческий термин: наложение второго голоса в фуге до окончания темы первого.

Стр. 37

[9] Ссылка на высказывание Демокрита о строении космоса: «Не существует ничего, кроме атомов и пустого пространства, всё остальное — лишь мнения».

Стр. 52

[10] Йехуда Лёв Бен Бецалель (1525-1609), талмудист, алхимик, математик, раввин пражского гетто. По легенде, создал глиняного великана, Голема, для защиты общины от бед, в том числе — от погромов. Чтобы оживить Голема, ему в рот нужно вложить шем (магическое слово в амулете).

Стр. 53

[11] Нимб особой, миндалевидной, формы, заключающий всю фигуру святого в овал.

[12] У двудомных растений женские цветки находятся на одних, мужские — на других особях, чтобы избежать самоопыления.

[13] В черновиках — «Le Menhir de St. Renan», т.е. менгир в Бретани, в муниципалитете Сен-Ренан неподалёку от Бреста. См. примечание к «Matière de Bretagne».

[14] Бабочка из семейства Phalaenidae.

[15] Филактерии (гр., на иврите — тфилин) — ритуальный предмет в иудаизме, футляры для списков с Торы. Филактерии накладываются на голову и левую руку выше локтя для совершения молитвы.

[16] Плоды дрока — чёрные стручки.

[17] Канопы — древнеегипетские сосуды для хранения внутренних органов, извлечённых из тел при мумификации.

[18] *Исх. 28:19.*

[19] Кающиеся снега — конусообразные, наклонные образования из плотно слипшегося, многолетнего снега (фирна) на горных вершинах, получившие своё название из-за сходства с фигурами кающихся монахов.

[20] Ледниковый стол — плоская глыба, стоящая на ледяной колонне на поверхности ледника. Ледниковые столы образуются потому, что камень защищает лёд, на котором покоится, от солнца.

[21] Глория — ореол, оптическое явление, вызванное дифракцией света на облаках, когда наблюдатель, стоя, например, на вершине горы спиной к солнцу, видит свою тень на облаке в венце света. Также, глория — древний христианский богослужебный гимн от gloria (лат.), «слава».

[22] *1-е Кор. 11:23*

[23] Целан сделал пометку на полях пассажа в книге энтомолога Жана-Анри Фабра, в котором идёт речь о богомолах и в частности о том, что богомол убивает крупную добычу укусом в затылок. Эту книгу, избранные отрывки из «Воспоминаний энтомолога» Фабра в немецком переводе, Целан имел в личной библиотеке.

²⁴ Целан цитирует стихотворение «К потомкам» Бертольта Брехта, написанное между 1934 и 1939 годами:
> «Что же это за времена, когда
> Разговор о деревьях кажется преступленьем,
> Ибо в нем заключено молчанье о зверствах!» (перевод Е. Эткинда)

²⁵ Рабби Исраэль Баал Шем Тов, цадик (духовный учитель), целитель и основатель хасидского движения.

²⁶ По преданию, даже одежда Баал Шема обладала исцеляющей силой.

²⁷ Целан здесь многократно ссылается на статью Вальтера Беньямина о Франце Кафке. Судя по заметкам на полях собрания сочинений Беньямина из личной библиотеки Целана, в первой строфе стихотворения Целан ссылается на пассаж, который выделил подчёркиванием: «безграничная продажность ещё совсем не худшее [качество чиновной шатии, засевшей в этих судейских канцеляриях]. Ибо натура их так уж устроена, что продажность — это последний проблеск надежды в их минах, на который ещё может рассчитывать попранное ими человеческое существо. Ибо в судах, конечно, есть своды законов. Только увидеть их нельзя, '...такое уж это, должно быть, правосудие, что приговаривают тебя не только без вины, но и в неведении', — начинает догадываться К. Законы и писаные нормы остаются в этом по сути первобытном мире неписаными законами. Человек может преступить их просто по неведению и тем навлечь на себя кару. Однако, сколь бы злополучно ни настигала кара не ведающего за собой никакой вины человека, наступление её с точки зрения права есть вовсе не случайность, а судьба, предстающая здесь во всей своей двойственности. Уже Герман Коген в одной из своих беглых заметок, характеризующих это древнее представлению о судьбе, называл этот момент 'прозрением, становящимся неотвратимым', так что кажется, 'что привычный ход событий и общий миропорядок сами содержат в себе причину, в силу которой происходит грехопадение'. Так же обстоят дела и с правосудием, открывающим против К. своё судопроизводство. Оно, это судопроизводство, уводит нас в правремена, в эпоху задолго до законов двенадцати таблиц, которые были одной из первых побед писаного права над первобытным укладом. Ибо здесь писаное право хотя и существует в сводах законов, но существует скрытно, негласно, благодаря чему первобытность, опираясь на такие законы, тем безнаказанней может творить свой безграничный произвол». (Перевод М.Рудницкого.)

²⁸ Здесь Целан отсылает к рассказу Кафки «Соседняя деревня», процитированному и в статье Беньямина: «Дедушка, бывало, говорил: 'До чего же коротка жизнь! Когда я вспоминаю прожитое, все так тесно сдвигается передо мной, что мне трудно понять, как молодой человек отваживается ну хотя бы поехать верхом в соседнюю деревню, не боясь, я уже не говорю — несчастного случая, но и того, что обычной, даже вполне благополучной жизни далеко не хватит ему для такой прогулки'.» (Перевод Р. Гальперина.)

²⁹ В знак памяти об умерших на еврейские могилы часто кладут камешки.

³⁰ Имеется в виду Фридрих Гёльдерлин и его переводы из Пиндара. Целан ссылается на биографию Гёльдерлина Вильгельма Михеля, которую он в это время читал. Михель пересказывает случай, когда Гёльдерлин служил библиотекарем при дворце в Гомбурге и один из придворных отозвался о нём как о «и раньше полусумасшедшем» и добавил, что сейчас он «мучает Пиндара» («zackert am Pindar»), имея в виду переводы Гёльдерлина фрагментов из од Пиндара.

Цезура — понятие из предисловий Гёльдерлина к его собственным переводам «Царя Эдипа» и «Антигоны» Софокла. В понимании Гёльдерлина, цезура — это поворотный момент в трагедии, который разделяет действие на две (неравные) части, организуя таким образом ход событий. Как в «Антигоне», так и в «Царе Эдипе» такую цезуру образует речь прорицателя Тиресия, когда он раскрывает трагическую судьбу героев.

В черновых заметках Целан отмечает на полях своего стихотворения: «мучая Мандельштама», проводя таким образом параллель между гёльдерлиновскими переводами Пиндара и своими собственными — стихов Мандельштама.

СОДЕРЖАНИЕ

www.ingramcontent.com/pod-product-compliance
Lightning Source LLC
Chambersburg PA
CBHW060117050426
42448CB00010B/1915